Tippi Degré

# Tippi aus Afrika

Französische Internetseiten zu Tippi finden Sie unter:
www.tippi.org

Die Originalausgabe erschien 2000 unter dem Titel »Mon livre d'Afrique«
bei Michel Lafon Publishing, Neuilly.


Sämtliche Bilder stammen von Sylvie und Alain Degré

5. Auflage 2001

Der Ullstein Verlag ist ein Unternehmen der
Econ Ullstein List Verlag GmbH & Co. KG

ISBN 3-550-07164-7


Gesetzt aus der Bauer Bodoni bei Franzis print & media GmbH, München
Druck und Bindung: Mohn Media – Mohndruck GmbH

Tippi Degré

# Tippi aus Afrika

Das Mädchen, das mit den Tieren spricht

Fotografien von Sylvie und Alain Degré

Die Geschichten und Geheimnisse wurden Valérie Péronnet anvertraut

Aus dem Französischen von Claudia Steinitz

Ullstein

Alain DEGRÉ et Sylvie ROBERT
sont heureux de vous faire part
de la naissance de leur fille

TIPPI

Le 4 juin 1990 Windhoek (Namibie).

P.O. Box 5774
Ausspannplatz 9000
WINDHOEK
NAMIBIE

Ich widme dieses Buch
Léon, dem Chamäleon,
meinem alten Freund.

Tippi

*Ich hatte Lust, wilde Sätze zu schreiben.*

Ich heiße Tippi. Ich bin Afrikanerin, und ich wurde vor zehn Jahren in Namibia geboren. Wenn die Leute mich fragen: »Tippi – so wie das Tipi der Indianer?«, sollten sie ihre Wörterbücher aufschlagen: Ich schreibe mich mit zwei p. Meine Eltern haben mich nach der amerikanischen Schauspielerin Tippi Hedren benannt. Sie spielte in *Die Vögel*, einem ganz gruseligen Film von Alfred Hitchcock.

Ich finde, dass sie meinen Namen aus mehreren Gründen gut ausgewählt haben: Erst einmal ist es kein Name wie alle anderen, und das trifft sich gut, weil ich glaube, dass ich auch kein kleines Mädchen wie alle anderen bin. Dann erinnert er an die Indianer (wenn auch mit einem Rechtschreibfehler), und als die Indianer in Tipis wohnten, lebten sie in der wilden Natur, so wie ich. Und schließlich heißt der Film von Hitchcock *Die Vögel*, und ich mag Tiere eben enorm gern. Wenn ich enorm sage, dann übertreibe ich nicht: Sie sind für mich wie Geschwister. Das ist ja normal, weil ich bei ihnen geboren und groß geworden bin. Die wilden Tiere in Afrika waren meine ersten Spielgefährten, deswegen kenne ich sie so gut.

Ich heiße nicht nur Tippi: In Wirklichkeit bin ich Tippi Benjamine Okanti Degré. Degré ist der Name meiner Eltern, Alain und Sylvie, Bilderjäger. Weil sie Fotografen sind, bin ich in Afrika geboren. Benjamine haben sie mich genannt, um Benjamin zu danken, einem Freund, bei dem Mama ein paar Wochen wohnte, als ich geboren wurde. Damals lebten meine Eltern im Busch, aber es geht schlecht, mitten in der Natur ein Baby zu bekommen. Also hat Benjamin, als die Geburt näher kam, Mama bei sich in Windhoek (das spricht man Wintuk) aufgenommen, einer Stadt in Namibia, wo es ein Krankenhaus gibt.

Und dann heiße ich noch Okanti. In der Sprache der Ovambo, eines der vielen Völker in Namibia, heißt das Manguste. Es ist vielleicht eine komische Idee, seine Tochter Manguste zu nennen, auch wenn Okanti ein sehr hübsches Wort ist! Aber genau das ist der Anfang meiner Geschichte.

Vor meiner Geburt lebten meine Eltern sieben Jahre in der Kalahari-Wüste, an der Grenze zwischen Südafrika, Botswana und Namibia. In diesen ganzen Jahren haben sie Erdmännchen beobachtet, gefilmt und fotografiert, kleine, wirklich niedliche Mangusten, die es nirgendwo sonst gibt. Die Erdmännchen waren für Mama und Dadou (so nenne ich meinen Vater) wie eine Familie geworden.

Es sind wilde Tiere, aber es war so, als hätten sie meine Eltern adoptiert. Ich glaube, sie lebten sehr glücklich, ohne alle Sorgen. Sie fühlten sich so wohl in der Kalahari-Wüste mit den Erdmännchen, dass sie ihr ganzes Leben da hätten bleiben mögen. Mama hätte mich übrigens gern dort zur Welt gebracht, und dann wäre ich ein kleines Erdmännchen-Mädchen geworden, sozusagen ihre kleine Schwester. Aber dazu kam es nicht.

Eines Tages bekamen meine Eltern Streit mit Leuten, die anderer Meinung waren als sie. Und da diese Leute zu entscheiden hatten, jagten sie Dadou und Mama aus der Kalahari fort. Manchmal sind die Menschen wirklich dumm.

Ich wurde ein paar Monate später geboren. Ich habe niemals die Welt der Erdmännchen gesehen, nur in den Filmen und auf den Fotos von Mama und Dadou. Aber ich gehöre trotzdem zu ihrer Familie, weil ich Tippi Benjamine Okanti heiße und weil ich mit den Tieren sprechen kann.

*Schildkröten sehen immer mürrisch aus.*

Alle staunen, dass ich mit den Tieren sprechen kann. Bis auf die Tiere selbst! Außerdem bitten mich alle, zu erzählen und noch mehr zu erzählen, und sie stellen mir einen Haufen Fragen. Das finde ich anstrengend. Ich habe nicht viel zu antworten. Ich will nicht erklären, wie ich mit den Tieren spreche, weil das nichts nützt. Das ist ein Geheimnis. Um es zu verstehen, muss man das Talent dazu haben. Alle haben ein Talent: schreiben, zeichnen, singen, malen, Fremdsprachen sprechen ... Das ist sehr geheimnisvoll mit den Talenten.

Mein Talent sind jedenfalls die Tiere. Aber nicht irgendwelche. Die wilden Tiere in Afrika. Ich spreche mit meinem Kopf mit ihnen oder mit meinen Augen, mit meinem Herzen oder meiner Seele, und ich sehe, dass sie mich verstehen und mir antworten. Sie bewegen sich oder sie sehen mich an, und man könnte sagen, dass Botschaften in ihren Augen auftauchen. Und dann – ich weiß, dass das komisch klingt – bin ich sicher, dass ich mit ihnen sprechen kann. Auf diese Art schließe ich mit ihnen Bekanntschaft, und manchmal werden wir sogar richtige Freunde.

Ich weiß, dass dieses Talent ein großer Schatz ist, und in der Tiefe meines Herzens hoffe ich wirklich, dass ich die Einzige bin, die ihn besitzt. Denn Schätze teilt man nicht so gern.

Mein Nono ist weich, er ist angenehm und riecht gut. Und außerdem ist er ein Freund, von dem man sich nie trennt. Jedes Mal, wenn ich an einem Ort wohne, gehe ich irgendwann wieder weg von dort und lasse meine Freunde zurück.

Mit den Tieren ist es genauso: Man schließt Bekanntschaft, schließt Freundschaft, und dann gehe ich fort. Mit Nono ist es nicht so. Er ist jeden Abend da.

Zumindest fast jeden. Denn manchmal passieren Unfälle. Einmal hat ein Karakal (ein Wüstenluchs) ihm den Kopf abgebissen. Glücklicherweise war ich nicht da, um das mit anzusehen ... Ich weiß nicht, wer den Kopf wieder angenäht hat. Im Lauf seines Lebens hat er auch viele Löcher bekommen. Aber wir konnten ihn immer wieder reparieren. Jetzt ist sein Bauch ganz weiß, aber sein Herz und ein Bein sind aus geflecktem Stoff. Das steht ihm sehr gut.

Meinen Nono habe ich noch nie verloren. Manchmal haben wir ihn vergessen, aber das ist nicht schlimm: Man muss nur umkehren und ihn holen. Auch wenn meine Eltern schimpfen, weil wir wegen Nono zweihundert Kilometer auf holprigen Pisten zurückfahren müssen.

Ich habe riesengroße Angst, meinen Nono vielleicht einmal in einem anderen Land zu vergessen. Ich habe zwar noch zwei Ersatzteddys, aber das ist ganz und gar nicht dasselbe.

Ich weiß nicht, ab welchem Alter man keinen Nono mehr braucht. Vielleicht nie? Ich glaube, ich werde ihn mindestens so lange haben, bis ich einen Geliebten habe. Ich glaube sogar, es geht, dass man mit seinem Geliebten und seinem Nono schläft. Man muss nur erklären, dass man kein Baby mehr ist, bloß weil man noch einen Nono hat und sich nicht von ihm trennen will.

Ich habe auch ein Plüschküken. Es heißt Ange, weil es die Seele meines Kükens Ange in sich trägt, das in Madagaskar gestorben ist. Nono hat keine Seele, weil ich keine toten Tiere kenne, die mit ihm zu tun haben. Ich hatte auch nie ein Kaninchen.

*Ich habe auch schon ohne meinen Nono geschlafen. Mindestens fünf Mal.*

Abu ist mein Elefantenbruder. Dabei ist er ein Erwachsener: Er ist mindestens dreißig Jahre alt. Und eine seltsame Geschichte hat er auch! Abu ist ein Elefant – aus Amerika! Ich weiß, das klingt vielleicht komisch, aber so ist es eben. Ich habe ihn in Namibia bei Randall Moore kennengelernt, einem Freund von meinen Eltern, der total verrückt nach Elefanten ist. Randall hat eine Menge Elefanten aufgenommen, die von überall her stammen. Er hat ihnen im Delta des Okavango-Flusses ein richtiges

*Es gibt einen ganz einfachen und lustigen Trick, um den Ursprung eines Elefanten zu erraten: Wenn er aus Afrika kommt, haben seine Ohren die Form einer Afrika-Karte. Wenn er aus Asien kommt, ähneln seine Ohren der Karte von Indien.*

Dorf gebaut. Er füttert sie, pflegt sie und zieht sie auf wie in einer Familie. Dafür helfen ihm die Elefanten, indem sie Besucher auf ihrem Rücken spazieren tragen oder in Filmen mitspielen. Einer von ihnen ist Abu. Sie arbeiteten zusammen in einem amerikanischen Zirkus. Sie wurden so enge Freunde, dass Randall, als er nach Afrika ging, Abu auf dem Schiff mitnahm!

Abu ist wundervoll, er ist mein Bruder, mein Freund. Ich liebe ihn, das ist so. Wir sind sehr glücklich, wenn wir uns treffen. Ich weiß nicht, ob es sonst noch einen Ort gibt, an dem ich mich so wohl fühle, wie wenn ich hinter seinem Kopf sitze, die Beine in seine Ohren geklemmt. Bei den Elefanten ist das die einzige Stelle, die ganz zart ist: Der Rest ihres Körpers ist mit dicken Stoppeln bedeckt, die sehr kratzen.

Auf Abus Rücken könnte ich stundenlang sitzen, so wohl fühle ich mich.

Abu wiegt fünf Tonnen. Aber er tut mir niemals weh. So sind sie, die Elefanten: Sie passen immer sehr auf mit den Kleinen.

Steady, Abu!
Get up, Abu!
Move on, Abu!
That's a good boy!
Man muss mit Abu
immer englisch sprechen.

*Ich kenne die Natur, ich kenne die Wege. Ich weiß, wohin ich gehe. Ich kann mich wirklich niemals verlaufen.*

Mama liebt dieses Foto sehr. Es ist schwarz-weiß, weil Dadous Apparate mit Farbfilmen an diesem Tag alle kaputt waren! Meine Eltern waren im Camp geblieben, aber ich war bei Randall und Abu, der in einem Film von Walt Disney mitspielte. Es war sehr heiß, und bei den Dreharbeiten muss man immer stundenlang warten und hat nichts zu tun. Ich war zu klein, um mich daran zu erinnern, aber ich kann mir gut vorstellen, was passiert ist: Abu und ich hatten wohl die Nase voll, also zogen wir los. Mama hat mir erzählt, dass sie uns zwei aus dem Nichts auftauchen sah. Ich hatte meine Windel und meine Schuhe ausgezogen – das machte ich wohl ständig – und ich lief auf Zehenspitzen, um mir nicht an den dicken Lehmbrocken wehzutun, die den Boden bedeckten. Und Abu folgte mir wie ein Babysitter! Mama sagt, er sah so aus, als würde er ebenfalls auf den Zehenspitzen laufen, so sehr passte er auf, um mich nicht zu zerquetschen.

Rassismus mag ich überhaupt nicht. Ich verstehe gar nicht, was in den Köpfen von Rassisten vor sich geht. Oft ist es wegen Glaubensgeschichten, dass die Menschen sich nicht vertragen: Jeder will, dass alle an seinen Gott glauben. Das ist doch idiotisch. Man hat das Recht, an den Gott zu glauben, an den man glauben will!

Ich habe das Blut einer Afrikanerin, aber einer weißen. Es gibt sehr viele Weiße in Afrika. Weiß oder Schwarz – das sollte eigentlich kein Problem sein. Ich werde wohl nicht alle Probleme der Welt lösen. Dazu bin ich nicht auf der Welt. Wenn ich ein paar Tiere retten kann, wäre das schon sehr schön.

*Manchmal braucht es keine Worte.*

Der Reichtum der Himbas besteht aus Ziegen, Kühen und Stieren. Sie haben kein Geld.

Einmal haben sie für mich ein Fest veranstaltet. Sie lieben Kinder und sie sind sehr nett. Sie haben mich überall mit Zauberpuder bestreut, damit ich eine echte Himba werde.

Der Zauberpuder stinkt, er riecht nach Ziege. Er ist aus magischen Kieselsteinen gemacht, die man in einer geheimen Grotte findet.

Es ist viel wert, schöne Überraschungen zu erleben, auch wenn es nur winzig kleine Überraschungen sind.
Dazu genügt es schon, zu beobachten, was es Schönes gibt.

*Man hat mir ein afrikanisches Märchen erzählt, das erklärt, warum der Strauß so einen langen Hals hat. Sein Kopf steckte im Maul eines Krokodils, das versuchte, ihn ins Wasser zu ziehen. Aber da der Strauß viel Kraft hat, zog er in die andere Richtung, um sich zu befreien, und sein Hals wurde immer länger. Irgendwann war das Krokodil erschöpft und ließ ihn los.*

Man sitzt wunderbar auf dem Rücken von einem Strauß. Da ist es weich und warm. Es ist sehr bequem.

Linda habe ich bei einem Straußenzüchter kennengelernt. Er hat eine große Herde, um das Fleisch und die Federn zu verkaufen. Im Süden Afrikas wird das Fleisch mit Kräutern getrocknet, die ihm einen guten Geschmack geben. Das Fleisch wird sehr hart und man muss es lange kauen, aber es schmeckt wirklich lecker. Man nennt dieses Fleisch Biltong, und ich mag es sehr.

Straußenvögel sehen nicht gefährlich aus, aber man muss trotzdem aufpassen. Am Ende ihrer Füße haben sie eine Art sehr spitzen Zehennagel (eine richtige Klaue), der ihnen als Messer dient. Wenn ein Feind sie angreift, können sie ihm mit dieser Kralle den Bauch aufschlitzen und er stirbt, weil sie sehr stark sind.

Linda ist wirklich nett. Sie hatte solche Angst, mich fallen zu lassen, dass sie sich gar nicht bewegen wollte. Das ist schade, ich wollte doch, dass sie rennt: Ich liebe die Geschwindigkeit! Vor allem, weil der Strauß der schnellste Laufvogel der Welt ist.

*Es ist einfach, einen Geparden von einem Leoparden zu unterscheiden. Der Gepard hat zwei große schwarze Tränen, die ihn ganz traurig aussehen lassen. Er ist viel ungefährlicher als ein Leopard, man kann ihn sogar zähmen.*

Ich habe J&B bei Dawid und Peta kennengelernt, sie sind Farmer und leben in der Nähe von Windhoek. Sie haben große Rinderherden in den Bergen. In diesen Gegenden haben die Farmer ein großes Problem: Die Leoparden reißen ihre Kühe. Deswegen bauen sie Leopardenfallen. So kam J&B zu Dawid und Peta: Seine Mutter stürzte in eine Falle. Sie verletzte sich sehr schlimm, aber ehe sie starb, brachte sie noch zwei Babys zur Welt, ein männliches und ein weibliches. Dawid verschenkte das Mädchen an Nachbarn und behielt den Jungen. Er nannte ihn J&B.

Obwohl Dawid und Peta ihn schon als ganz kleines Baby zu sich genommen, ihm die Flasche gegeben und ihn großgezogen hatten, wurde J&B niemals dressiert. Er ist ein Leopard. Und ein Leopard ist gefährlich. Ich wusste es, aber es hat mich nie beeindruckt. Ich spielte mit ihm, und weil er spürte, dass ich keine Angst vor ihm hatte, griff er mich auch nicht an. Er war sehr niedlich. Wenn ich merkte, dass er eine Dummheit machen wollte, musste ich nur sehr laut schimpfen. Dann hörte er auf und guckte mich verärgert an.

Einmal, als ich mit ihm spielte, nahm er meine Schulter ins Maul. Er hatte den Kiefer nicht geschlossen, sonst hätte ich keine Schulter mehr, aber seine Zähne zerkratzten meine Haut. Da spürte ich wirklich, dass er gar keine Mühe hätte, mich aufzufressen, wenn er Lust hätte.

Und dann kam dieser furchtbare Tag, als ich mit Mama, Dadou und Léon, dem Chamäleon, spazieren ging. J&B hörte uns wohl weggehen und hatte Lust, mit uns zu spielen. Er kletterte auf das Dach des Hauses und sprang über den Gartenzaun. Unterwegs traf er zwei kleine Afri-

kanerjungen. Als sie den Leoparden sahen, bekamen sie große Angst und rannten schreiend davon. Sie wussten es natürlich nicht, aber bei einem Raubtier ist es genau das, was man nicht machen darf. J&B hielt sie sofort für eine Beute. Und er packte den kleineren der beiden Jungen...

Meine Eltern und ich sahen zu, ohne etwas machen zu können: So ein Leopard ist wirklich sehr schnell. Mama sagte:

»Ich renne nach Hause und hole Dawid.«

Und sie stürzte los. Dadou sagte mit strenger Stimme zu mir: »Tippi, du bleibst hier und rührst dich nicht vom Fleck.«

Er ließ mich mit Léon zurück, um dem Jungen zu helfen, den J&B gepackt hatte. Ich sah meinen Vater wegrennen, dann konnte ich ihm einfach nicht mehr gehorchen und lief ihm hinterher.

J&B stand ein paar Meter von seiner Beute entfernt in Angriffsposition. Er hatte Blut am Maul.

Ich hörte Dadous Stimme, er sprach ganz sanft zu ihm und nahm den blutüberströmten Kleinen in die Arme. Und ich sah ganz deutlich, dass J&B den kleinen Jungen nicht freigeben wollte. Ich glaube, er war wirklich entschlossen, sich auf Dadou zu stürzen, um seine Beute zurückzuholen. Vielleicht hätte er Dadou sogar auch noch angegriffen.

Das hat mich alles furchtbar wütend gemacht. Irgendjemand musste J&B befehlen, dass er aufhört. Ich stellte mich vor ihn und sagte: »J&B, stop it!«

J&B versteht nur Englisch, weil das die Sprache ist, die man in Namibia spricht. Um sicher zu sein, dass er mich verstanden hatte, gab ich ihm außerdem einen Klaps auf die Nase. Einen kleinen, aber festen Klaps, damit er verstand, dass er dabei war, eine große Dummheit zu machen, und dass er mir gehorchen musste, ehe ich richtig ärgerlich würde. Daraufhin setzte er sich hin und gab auf. Wie immer, wenn ich mit ihm schimpfte, guckte er ärgerlich.

Dann kam Dawid. Der kleine Junge wurde ins Krankenhaus gebracht. Er blieb glücklicherweise am Leben. Aber ich werde mich immer an die entsetzen Augen erinnern, mit denen er J&B angestarrt hatte. Er dachte, er würde sterben. Und er hatte Recht: Ich glaube, J&B wollte ihn wirklich töten.

Ich glaube, dass auch Dadou ganz schön Angst hatte. Aber er hat es mir nie gesagt. Mein Vater spricht überhaupt nicht viel.

J&B wurde streng bestraft. Er kam in ein Gehege mit einem Gitter als Dach. Er konnte überhaupt nicht mehr heraus. Ich besuchte ihn, um mit ihm zu sprechen und ihn durch das Gitter hindurch zu streicheln. Das war ihm so angenehm, dass er mich einmal angepinkelt hat, um mir zu zeigen, wie sehr er mich liebt. Ich wollte mich nicht waschen, um den Geruch seiner Freundschaft zu bewahren, aber Mama sagte, das kommt überhaupt nicht in Frage. Ich musste unter die Dusche und sie rieb mich sehr kräftig ab.

Diese Geschichte zeigt, dass so ein Leopard eine riesige Verantwortung ist. Er ist ein sehr starkes Tier, das Menschen töten kann. Trotzdem war J&B ganz lieb und wir hatten uns wirklich sehr, sehr gern.

Krokodile denken nur an eins: Fressen. Deswegen musste man sogar dem Baby auf diesem Foto ein Gummiband um das Maul binden. Sonst hätte es nicht gezögert, mich zu beißen.

Krokodile fassen sich etwas unangenehm an: kalt, rau und kein bisschen kuschelig.

*Mein Dadou denkt, er ist alt, aber das stimmt nicht. Er ist schon lange jung und die Linien in seinem Gesicht sind nur da, damit er noch schöner aussieht.*

Für dieses Foto im Wasser brauchten wir nicht mal ein Gummiband. Dadou und ich spielten die Gefahr mit einem Plastikkrokodil und alberten rum.

Wenn ihr einmal ein Kind oder auch einen Erwachsenen mit einem Krokodil spielen seht, wäre das ein Wunder. Krokodile sind nämlich sehr gefährlich. Mein Vater hat sich übrigens schon mal beißen lassen, in den Hintern. Ein Mal. Und es hat ihm sehr weh getan.

Es ist schwierig, Afrika zu beschreiben. Es gibt Milliarden von Unterschieden zu Europa. Milliarden.

Oft sagt man, ich bin die kleine Schwester von Mowgli. Das gefällt mir, denn Mowgli ist wild. Ich bin auch wild. Ich kann es nicht richtig erklären. Alle kleinen Mädchen, die ich kenne, sind zahm, nur ich nicht. Ich bin wild, weil ich in Afrika lebe, weit weg von den Städten, und weil die Tiere fast meine Familie sind.

Ich habe oft Lust, dorthin zurückzukehren. Es war ein ganz besonderes Leben dort. Ich weiß nicht, warum man immer fortgehen muss. Sobald man in Städte kommt, beginnen die Schwierigkeiten.

*Weil es in den Städten keine Affenbrotbäume gibt, muss ich auf die Straßenlaternen klettern.*

Mein Vater hat mir erzählt, dass in Botswana oft alles voller Tse-Tse-Fliegen war, wenn wir mit dem Jeep fuhren. Sie kamen durch die Fenster rein. Tse-Tse-Fliegen sind große Mücken, die ganz schlimm stechen. Na ja, und sie haben sich immer auf ihn gestürzt, um zu stechen, aber mich haben sie niemals angerührt. Dadou fragt sich immer noch, weshalb. Ich glaube, es ist ein Geheimnis … Vielleicht spüren sie, dass ich zur Natur gehöre und Dadou nicht? Oder es hat vielleicht mit dem Geruch zu tun oder dem Geschmack? Man kann nicht immer alles erklären im Leben.

*Peter Beard ist ein toller Wildnis-Fotograf. Er hat mir mit seiner Hand eine Widmung gemacht, die ich sehr liebe. Sie ist in seinem großartigen Buch über Elefanten, das »Das Ende der Welt« heißt.*

Man kann mit einem Baum befreundet sein oder mit irgendwelchen Dingen. Was zählt, ist die Fantasiewelt. Es ist Fantasie, einen Baum zu lieben, nicht Wirklichkeit. Normalerweise liebt man Menschen oder Tiere, aber keine Pflanzen. Man kann eine Rose lieben, weil sie schön ist. Oder einen Baum, weil er nett ist: Das ist Fantasie, ein netter Baum. Tiere sind wirklich nett, aber ein Baum bewegt sich nicht, er spricht nicht, er schaut nicht ... Wie kann er nett sein, wenn er gar nichts macht?

*Gott existiert nicht.
Er hat sich ganz allein
erschaffen.*

Ein Zebra sieht zwar hübsch aus, aber es ist nicht besonders interessant. Eben ein gestreiftes Pferd, nur dass man nicht darauf reiten kann: Es ist unmöglich, ein Zebra zu dressieren.

Einmal hat man mir in Afrika einen Kristallstein gegeben. Ich habe mich gefragt, ob ich vielleicht besondere Macht bekommen würde, wenn ich mit diesem Zauberstein in der Hand zum Himmel sprechen würde. Also habe ich es versucht. Ich bin zu einer Giraffe gegangen, um meine Macht auszuprobieren. Wenn man sich einem wilden Tier nähert, rennt es normalerweise davon. Aber die Giraffe ist mir ganz ruhig entgegengegangen. Und dann kam Dadou und sie ist weggesaust. Schade! Jetzt werde ich nie wissen, ob das mit dem Stein funktioniert.

Als ich klein war, dachte ich, ein Stachelschwein hätte Schweinestacheln!

Ein Stachelschwein sieht hübsch aus, aber nur Verrückte versuchen es anzufassen. Wenn du drauf fällst, spießt es dich auf, denn seine Stacheln stechen wirklich schlimm.

Meine Eltern sagen, dass wir mit den Pavianen nie besonders befreundet waren. Als ich klein war und wir in Botswana im Busch lebten, waren die Bäume voller Paviane. Es war ihr Lieblingsspiel, mir meine Fläschchen zu klauen, um sie zu zerbeißen und dabei auf ihren Bäumen Faxen zu machen. Offenbar wurde ich dann wahnsinnig wütend!

Als ich vier Jahre alt war, lernte ich Cyndie kennen. Sie war ein Baby, fast wie ich. Nur dass sie ein Pavian war. Damals machte ich keinen Unterschied zwischen einem Pavianbaby und einem Menschenbaby: Für mich war Cyndie einfach eine Freundin. Wir kletterten überall zusammen herum und tauschten sogar die Fläschchen aus! Cyndie und ich waren unzertrennlich.

Dann verreiste ich ein ganzes Jahr, und eines Tages traf ich Cyndie wieder. Ich freute mich so, sie wiederzusehen! Sie war sehr gewachsen, viel stärker als ich. Meine Eltern fragten die Leute, bei denen sie wohnte, ob es gefährlich sei, wenn wir wieder zusammen spielten. Sie antworteten, dass es keine Probleme geben würde.

*In meinem Land, in Namibia, sagt man, dass die Buschmänner die einzigen Menschen sind, die die Sprache der Paviane verstehen und sogar mit ihnen sprechen können. Das können sie, weil sie denken, dass die Affen vor langer Zeit Menschen waren.*

*Ich würde gern etwas tun, um die Natur zu schützen, aber ich habe gar keine Möglichkeit. Vielleicht sollte ich mal Gott fragen.*

Kein Problem, von wegen! Sobald Cyndie mich sah, stürzte sie sich auf mich, um mir die Haare auszureißen. Obwohl sie noch ein kleines Pavian-Mädchen war, hatte sie schon ganz viel Kraft. Sie tat mir sehr weh, aber vor allem war ich sehr traurig. Ich weiß nicht, was in ihrem Kopf vorging: Ich wollte sie wiedertreffen, und sie griff mich einfach an. Die Großen sagen, dass sie wegen meiner langen Haare eifersüchtig war. Ehrlich gesagt verstehe ich nicht warum …

Ich habe eine Menge Haare verloren und viel geweint. Seit diesem Tag mag ich Cyndie nicht mehr, auch wenn ich weiß, dass sie nichts dafür kann.

Freundschaften mit wilden Tieren sind ganz anders als Freundschaften mit Menschen. Tiere haben immer Feinde, das ist nun einmal so in der Natur. Du musst ihnen zeigen, dass du stärker bist, sonst beherrschen sie dich. Vielleicht wollte Cyndie mich beherrschen? Aber wir hatten so viele schöne Stunden miteinander verbracht, dass sie meinen Geruch hätte erkennen und sich erinnern müssen, dass wir die besten Freundinnen der Welt gewesen waren. Wahrscheinlich funktioniert die Erinnerung bei Tieren anders als bei Menschen.

Man soll nicht glauben, dass die Welt der Tiere vollkommen ist. Es gibt sogar sehr viele Schwierigkeiten. Und auch viel Gewalt. Zum Beispiel verlieren die Erdhörnchen fast ständig ihre Babys, weil die Schakale sie ihnen stehlen und sie fressen. Dann sind die Erdhörnchen traurig, weil sie ihre Kleinen lieben.

Bei den Reptilien weiß ich es nicht. Chamäleons beispielsweise: Ich kenne sehr sehr viele. Ich glaube, sie fühlen Liebe, aber ich bin mir nicht sicher. Wenn sich die Männchen mit den hübschesten Weibchen paaren, ist das dann Liebe?

Ich weiß nicht, ob Chamäleons verliebt sind. Ich denke schon, aber ich bin mir nicht sicher, weil ich noch klein bin.

*Warum hat man mich nicht auf Englisch gemacht? Ich liebe Englisch.*

Mit der Seele ist es auch schwierig: Ich weiß, dass die Insekten keine haben – man kann ja nicht mal mit ihnen sprechen. Aber die anderen Tiere? Ich glaube, sie haben eine, aber ich müsste erst mal an Gott glauben, um mir da sicher zu sein. Ganz genau werde ich es erst dann wissen, wenn ich tot bin.

Ein Löwenbaby ist einfach zu niedlich. Dieses hier heißt Mufasa. Er war weich, so weich, aber auch so lustig! Wir haben sehr viel miteinander gespielt. Ein Mal haben wir sogar zusammen Mittagsschlaf gemacht und er hat im Schlaf an meinem Daumen gelutscht.

Als wir uns im nächsten Jahr wiedersahen, war er gewachsen. Er war wie durch Zauberhand riesig geworden. Er erkannte mich wieder und kam zu mir, um mit mir zu spielen. Er streichelte mich mit dem Schwanz, aber er hatte solche Kraft, sogar im Schwanz, dass er mich umgeworfen hat!

Meine Eltern hatten kein richtiges Vertrauen, deswegen wollten sie lieber, dass ich nicht bei Mufasa bleibe. Das war schade, aber nicht zu ändern. Wenn man kein richtiges Vertrauen hat, sollte man nicht darauf bestehen. Mit Menschen ist es ja genauso.

*Ich habe in meinen*
*Träumen keinen Platz*
*mehr für Albträume.*

*Elefanten weinen salzige Tränen. Wie wir.*

Wenn Elefanten alt sind, ziehen sie ganz allein los, um irgendwo zu sterben. Man sagt, sie gehen zum Elefantenfriedhof, aber niemand weiß, ob es den wirklich gibt. Es kann sein, dass sie jeden Ort zu ihrem Friedhof machen, wenn er nur weit weg von allem anderen ist.

Manchmal können sie nicht mehr und sterben unterwegs. Das muss schlimm sein: sich zurückziehen, um zu sterben.

Ich glaube nicht stark an Gott. Eigentlich glaube ich schon an ihn, aber ich bin mir nicht sicher, so lange ich ihn nicht gesehen habe. Ich bin mir nicht mal sicher, ob man eine Seele hat und in den Himmel aufsteigt. Vielleicht sind wir ja alle wie Roboter, und wenn wir sterben, ist alles schwarz und wir existieren einfach nicht mehr.

*Mein Dadou hat mir gesagt, dass das Gehirn eines Elefanten sechs Kilo wiegt und vier Mal größer ist als unseres. Deswegen hat er ein großes Gedächtnis und weiß alles. Und in seinem Rüssel gibt es mehr als fünfzigtausend Muskeln, deshalb hat er so riesige Kräfte.*

*Wenn ich ein Geheimnis erzähle, fällt es mir schwer, die Worte auszusprechen. Vor allem, wenn es ein ganz großes Geheimnis ist.*

Die Menschen, die in der Wildnis leben, glauben immer mindestens an einen Gott, aber ich weiß nicht, ob das Gott ist. Ich glaube, ihr Gott ist ein Tier. Vielleicht sind für sie alle Tiere zusammen ein Gott. Ich weiß nicht ... Aber ich weiß genau, dass ich Leute, die zu sehr glauben, nicht besonders leiden kann. Man hat das Gefühl, dass sie gar nicht frei sind und dass Gott für sie entscheidet. Und mir geht es ganz furchtbar auf die Nerven, wenn jemand anderes für mich entscheidet.

Ich bete, aber ich weiß ganz genau, dass ich selber die Stimmen in meinen Kopf hole. Ich kann einfach nicht anders, ich lasse sie kommen. Und wenn ich nicht mehr daran denke, gibt es auch keine Stimmen mehr. Ich habe nie geglaubt, dass es Gott ist, der mit mir spricht, aber ich bin trotzdem sehr enttäuscht: Ich würde gern eine Stimme hören, die nicht von mir selbst kommt. Wenn Gott nicht bald mal zu mir sprechen will, werde ich irgendwann gar nicht mehr an ihn glauben. Vor allem weil ich das Gefühl habe, dass er sich nicht besonders um unseren Planeten kümmert. Auf jeden Fall sehe ich im Moment nicht, was er macht ...

Aus allen diesen Gründen glaube ich eigentlich nicht so sehr an Gott. Ich glaube viel lieber an die Schutzengel.

Es gibt Menschen, die ohne jeden Grund böse sind, nur weil es ihnen Spaß macht, böse zu sein. Ich weiß nicht, ob es das bei Tieren gibt. So ein Tier wäre wirklich niemals nett zu irgend jemandem, und es würde gar keine Möglichkeit geben, sein Freund zu werden. Das muss merkwürdig sein. Ich habe nie so eins getroffen. Oder vielleicht die Krokodile?

Das ist wie mit den Schlangen, alle glauben, dass sie böse sind. Ich bin noch nie von einer Schlange gebissen worden. Aber von einem Erdhörnchen schon. Deswegen habe ich auf manchen Fotos Zahnabdrücke auf der Nase. Es kann aber nichts dafür. Es stand sehr unter Stress. Als ich hinging, um es in die Arme zu nehmen, hat es sich angegriffen gefühlt und mich in die Nase gebissen, um sich zu verteidigen. Ich bin ihm nicht böse deswegen.

Meiner Meinung nach sind Tiere grundsätzlich immer gut und nie richtig böse.

*Die Zukunft ist die Gegenwart und die Gegenwart Vergangenheit.*

Einmal habe ich drei Erdhörnchen bei Farmern kennen gelernt, die sie gezähmt hatten. Da mir Mama Geschichten von Erdhörnchen erzählt, seit ich ganz klein war, hatte ich das Gefühl, sie zu kennen, noch ehe ich sie gesehen hatte. Sie sind wirklich sehr putzig.

Manchmal frage ich mich, ob Mama nicht auch ein bisschen Zaubermacht hatte, um sich mit den Erdhörnchen zu verständigen. Aber das will ich eigentlich gar nicht glauben, weil es mich irgendwie eifersüchtig macht. Vielleicht kann sie nur zu ihnen sprechen, sie aber nicht verstehen? Auf jeden Fall spricht sie nur mit dem Mund zu ihnen. Ich spreche mit den Augen.

Ich bin sehr froh, dass ich Okanti heiße und zur Familie der Erdhörnchen gehöre. Das ist ein wunderbares Volk. Sie verbringen ihr ganzes Leben damit, sich umeinander zu kümmern. Ganz allein kommen sie nicht zurecht, aber gemeinsam sind sie viel stärker als viele andere Tiere.

Und außerdem sind sie die Könige der Zärtlichkeit. Die Erdhörnchenzärtlichkeiten sind etwas ganz Besonderes. Mama hat sie mir beigebracht. Man nimmt sich in die Arme, man drückt sich ganz fest mit kleinen Rucken. Das ist sehr, sehr angenehm.

Hast du keine Angst? Wie machst du es, dass du keine Angst hast?« Das ist DIE große Frage, die mir alle stellen. Vor allem die Erwachsenen. Natürlich habe ich keine Angst, sonst würde ich nicht herangehen. Ich habe niemals Angst vor Tieren. Es passiert schon mal, dass ich beeindruckt bin. Aber das ist ja ganz was anderes.

Man muss dazu sagen, dass ich die Tiere kenne, weil ich unter ihnen geboren bin. Außerdem haben mir Mama und Dadou die Gefahren erklärt. Eine gelbe Kobra beispielsweise, wenn du die anrührst, bist du tot. Eine Python dagegen kannst du am Bauch streicheln und kraulen, sie wird dir nichts Böses tun. Man muss es nur wissen ...

Ich weiß nicht, wie oft Mama oder Dadou es mir gesagt haben:

»Niemals Angst haben, aber immer aufpassen.«

Oder:

»Was macht man, wenn man eine Schlange sieht?«

Die Antwort kenne ich auswendig:

»Man geht nicht hin und rennt schnell Mama oder Dadou holen, um zu fragen, ob sie gefährlich ist.«

Wenn sie gefährlich ist, passt man gut auf, dass man nicht ihren Weg kreuzt. Wenn sie nicht gefährlich ist, kann man sich mit ihr anfreunden. Eigentlich ist es dasselbe wie mit allen Tieren. Wenn man das einmal verstanden hat, gibt es überhaupt keinen Grund, Angst zu haben.

Oft haben die Tiere Angst vor den Menschen. Deswegen fauchen sie oder gucken böse: um uns zu beeindrucken und damit wir sie in Ruhe lassen. Und wenn sie zu große

Angst haben, machen sie auf dich Pipi. Aber nicht mit Absicht.

Viele Tiere, die ich getroffen habe, sind daran gewöhnt, Menschen zu sehen. Das soll nicht heißen, dass sie dressiert sind, aber sie leben an Orten, wo die Menschen sie oft besuchen kommen: beispielsweise in den Reservaten (das sind riesige Parks, wo die Tiere frei leben).

Ich würde niemals zwischen den Stampfern eines wilden Elefanten spielen oder das Maul eines Leoparden kraulen, den ich nicht kenne. Ich bin doch nicht völlig verrückt! Ich habe keine Lust, mich von einer Elefantenherde zertrampeln oder von Raubtieren auffressen zu lassen.

Man darf nie vergessen, dass diese Tiere, auch wenn sie mit den Menschen befreundet sind, immer wilde Tiere bleiben. Man sollte also sehr aufpassen. Der Trick besteht darin, nie etwas zu machen, das sie denken lässt, man könnte eine Beute oder eine Gefahr für sie sein. Beispielsweise darf man ihnen nicht den Rücken zudrehen und nicht auf der Erde liegen bleiben, wenn man hinfällt. Es reicht, dass man genau so auf sie achtet, wie sie auf uns achten, und dann geht auch alles gut.

Also, ich sage zwar, dass ich keine Angst habe, aber trotzdem muss ich zugeben, dass ich ein Landwesen bin und überhaupt kein Meereskind. Wenn jemand Piranhas oder die großen weißen Haie besuchen will, dann bitte ohne mich.

Tiere sind niemals böse, aber sie sind manchmal aggressiv. Ich habe es aufgegeben, der ganzen Welt zu erklären, dass man nicht »böses Tier« sagen soll, sondern »aggressives Tier«. Es nützt nichts, das zu erklären, niemand will es verstehen. Was kann ich da machen? Ich kann doch nicht mein ganzes Leben damit verbringen, immer dieselben Dinge zu wiederholen ...

Die Tiere sind aggressiv, wenn sie sich schützen, wenn sie ihre Kleinen oder ihr Territorium verteidigen wollen. Und auch wenn sie verletzt sind oder schlechter Laune. Oder ganz einfach, weil sie so geboren sind. Auf jeden Fall haben sie immer einen Grund. Das ist nicht so wie bei den Menschen. Oft wissen die Menschen nicht mal, warum sie böse sind. Wenn ich mal wütend bin, bin ich eine richtige Hexe. Ich sage furchtbare Sachen und schäme mich nicht mal.

Einmal wollte ich unbedingt mit Elvis Bekanntschaft schließen, aber die Erwachsenen waren eher dagegen. Dazu muss man sagen, dass Elvis ein großes Pavian-

Männchen ist, sehr kräftig und wirklich eindrucksvoll, mit gefährlichen Eckzähnen. Alle dachten, er wäre aggressiv und man könne seine Reaktionen nicht vorhersehen. Ich weiß nicht warum, aber mein Herz sagte mir, dass ich zu ihm gehen könnte. Meine Eltern waren schließlich einverstanden, mich zu ihm zu lassen.

Man hatte mir geraten, ihm vor allem niemals in die Augen zu sehen. Er hätte das als Herausforderung oder eine Art Provokation auffassen und sehr wütend werden können. Also habe ich nur auf seine Hand geguckt, und dann habe ich meine ausgestreckt, ganz, ganz langsam. So ist das bei Tieren. Man muss sie berühren, um Bekanntschaft zu schließen. Auch die Gerüche sind sehr wichtig.

Elvis hat an mir geschnuppert, und er muss gespürt haben, dass ich kein Feind war. Ich habe ihn freundschaftlich gestreichelt. Er ist ganz ruhig geblieben. Seltsam, so eine Pavianhand. Sie ist warm und stark behaart. Sie ähnelt einer Menschenhand.

Als ich mich von ihm entfernte, sahen Mama und Dadou ganz erleichtert aus. Ich war froh, dass ich Elvis getroffen hatte. Das hat mich fast mit den Pavianen versöhnt, auch wenn wir nicht genug Zeit hatten, um Freunde zu werden.

Im Leben gibt es großes Glück und großes Unglück. Und manchmal läuft alles einfach normal. Als wir in Namibia lebten, lief es vor allem normal. Wir hatten nur die üblichen Sorgen und manchmal richtig großes Glück, aber niemals großes Unglück. Unser Leben dort war wirklich wunderbar.

Als ich nach Frankreich zurückgekommen bin, habe ich versucht, mit den Spatzen, den Hunden, den Tauben, den Katzen, den Kühen oder den Pferden zu sprechen. Aber es geht nicht. Ich weiß nicht, warum. Ich glaube, weil mein richtiges Heimatland Afrika ist, nicht Frankreich.

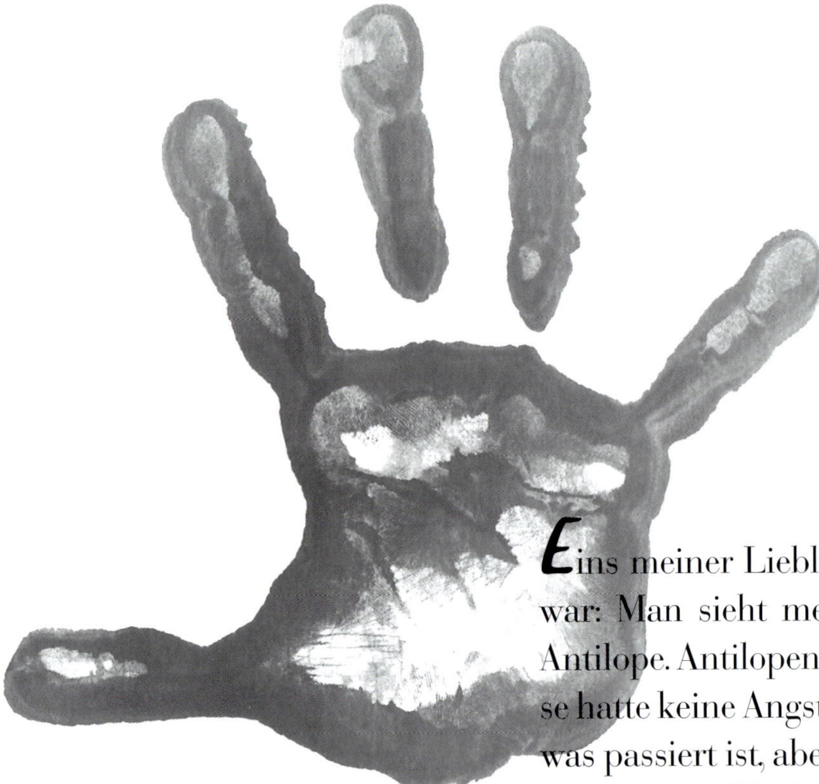

Eins meiner Lieblingsfotos ist aus der Zeit, als ich klein war: Man sieht meine Hand ganz nah am Mund einer Antilope. Antilopen sind wirklich sehr furchtsam, aber diese hatte keine Angst vor mir. Ich erinnere mich nicht mehr, was passiert ist, aber ich war ganz bestimmt dabei, mit ihr zu sprechen. Wie hätte es sonst sein können, dass sie mich heranließ, mich, den schrecklichen Menschen von der Rasse, die Antilopen tötet?

Dadou hat das Foto gemacht, und dann ist sie weggerannt, weil sie abgelenkt war oder nicht mehr daran gedacht hat, ruhig zu sein.

Wenn ich mir beispielsweise dieses Foto ansehe und darüber nachdenke, kommt mir mein Talent, mit den Tieren zu sprechen, seltsam vor.

Die Liebe der Tiere, das ist etwas, wo man sich nicht streitet. Und wenn man sich streitet, dann nicht so wie bei den Menschen. Ich weiß nicht, warum es anders ist. Aber ich glaube, es ist, weil die Tiere mit dem zufrieden sind, was sie haben, während die Menschen immer etwas anderes haben wollen.

Mama sagt, dass die Buschmänner die Menschen sind, die den Tieren am nächsten stehen. Sie wissen, wie man in der Wildnis lebt, seit Hunderten und Aberhunderten, vielleicht sogar seit Tausenden von Jahren. Da sie nie die Zivilisation kennengelernt haben, haben sie ihre Gewohnheiten nicht geändert. Sie brauchen keine Uhren und kein Geld.

Ich bin ihnen in der Kalahari-Wüste und im Norden Namibias begegnet. Ich hatte großes Glück, dass ich mit den Buschmännern Bekanntschaft schließen konnte. Sie nähern sich den weißen Menschen nicht oft.

Das erste, was ich von ihnen sagen will, ist, dass sie sehr, sehr schön sind. Oft wirken sie alt, aber das ist wegen der Sonne, die ihre Haut so stark verbrennt, dass schon die Jungen Falten bekommen.

Sie sind auch nett. Sie machen ständig Quatsch. Die Männer spielen Theater, sie ahmen die Tiere nach und albern herum, damit die Kinder und Frauen lachen.

Gleich als wir uns trafen, haben wir Freundschaft geschlossen. Mit den Kindern habe ich viel gespielt. Ich fühlte mich wohl bei ihnen. Man muss sich nicht mit Worten verstehen, um Freundschaft zu schließen.

Die Sprache der Buschmänner ist sehr hübsch, ein bisschen wie Musik: Außer den Worten machen sie mit der Zunge »Klick«-Töne. Ich bin zu schüchtern, um zu sprechen, wenn ich es nicht kann. Nur ein Mal habe ich etwas zu einer Frau gesagt, indem ich irgendwelche Töne machte, auch das »klick« mit der Zunge. Sie hat mir zugehört und geantwortet! Ich war ziemlich verdutzt: Ich weiß nicht mal, was ich ihr erzählt habe. Ich hoffe, es war keine Dummheit ...

Die Buschmänner verschwenden nichts. Wenn sie Nahrung haben, essen sie alles bis zum letzten Krümel auf. Und ihr Bauch schwillt immer mehr an! Sie respektieren die Natur zu sehr, um etwas wegzuwerfen. Beispielsweise würden sie nie ein Tier töten, das sie nicht wirklich dringend brauchen.

Sie haben keine Streichhölzer. Sie reiben einen Stock ganz schnell an einem anderen, und dann gibt es Feuer. Ich habe es auch versucht, aber es ist sehr schwierig, Feuer zu machen. Man muss lange üben.

Sie können auch zaubern. Beispielsweise kann ihr Zaubermann den richtigen Ort finden, wo es keine bösen Geister gibt. Und außerdem sprechen sie mit dem Mond. Jedes Mal, wenn Vollmond ist, feiern die Buschmänner ein großes Fest, denn für sie ist er wie ein Gott. Es sieht ja auch wirklich wunderbar aus, wenn er so ganz rund, ganz dick mitten in der Wüste aufgeht. Bei den Festen tanzen nur die Männer, die Frauen nicht. Wir singen und klatschen in die Hände. Das ist alles.

Es ist lustig, wie sie tanzen. Am Anfang tanzen sie normal, dann werden sie immer wilder.

Eigentlich sind diese Feste geheim, man darf nicht filmen oder fotografieren. Aber weil wir Freunde waren, haben sie mir ein großes Freundschaftsgeschenk gemacht, indem sie mich dazu eingeladen haben.

Ich spürte ganz tief in meinem Herzen, dass ich ein Buschmann bin. Ganz genau so wie sie. Und außerdem hatte ich auch ihre Kleidung. Aber sie haben nicht die gleiche Farbe. Ich bin trotz allem weiß. Und ich kann nicht schwarz werden.

*Manchmal habe ich Lust, das Sprechen ganz aufzugeben.*

Ich kann einfach nicht verstehen, warum die Menschen Tiere töten. Das ist doch dumm: Wenn man sie tötet, wird es keine mehr geben und man wird keine Fotos mehr machen können. Fotos machen ihnen keine Angst, aber Gewehre schon.

Ich mag Schlangen. Sie sind ganz zart, wenn man sie anfasst. Es gibt sehr viele Menschen, die große Angst vor Reptilien haben. Angst haben ist furchtbar. Wenn man wegen Horrorfilmen Angst hat, oder weil man eine Dummheit macht, dann ist es toll. Das macht mir Riesenspaß. Aber der richtigen Angst muss man begegnen, sonst macht man sich verrückt.

Sobald ich Angst habe oder beeindruckt bin, versuche ich, der Angst zu begegnen. Beispielsweise gibt es in Schwimmbädern oft einen Padumm. Das ist ein Roboter, der den Boden des Schwimmbeckens säubert. Er bewegt sich unter Wasser und macht dabei Lärm. Ich nenne ihn Padumm, weil ich solche Angst habe, wenn er sich bewegt, dass mein Herz »padumm, padumm« macht. Mit Dadou bin ich ein paar Mal zu ihm hin getaucht, um nicht mehr beeindruckt zu sein. Jetzt geht es besser, weil ich der Angst begegnet bin.

Mit Schlangen ist es genau so. Ich helfe den Menschen gern, ihrer Angst zu begegnen. Wenn sie mich mit einer Python spielen sehen, sagen sie sich, wenn ich das kann, sind sie vielleicht auch dazu in der Lage. Also berühren sie sie und merken, dass es gar nicht furchtbar ist. Ich finde es sogar sehr angenehm.

*Das gibt es nicht, seine Mama anzulügen. Früher habe ich manchmal gelogen, aber jetzt gar nicht mehr, damit sie mir vertraut.*

Diese Fotos sind wie aus einem Film. Das ist kein Wunder, denn Abu ist schon ein Schauspieler, und ich werde vielleicht später auch Schauspielerin. Also spielen wir beide zusammen. Er spielt den wilden Elefanten, der angreift. Und ich das kleine Mädchen aus dem Busch, das ihn anhält, indem es die Arme ausbreitet. Wir waren beide sehr gut: Die Leute, die die wahre Geschichte nicht kennen, waren sehr beeindruckt.

In Wirklichkeit würde Abu niemals auf die Idee kommen, mir etwas Böses anzutun. Und man müsste wirklich dumm sein, um zu glauben, dass ein kleines Mädchen einen wilden, wütenden Elefanten aufhalten könnte. Und dass der Papa zusieht und seelenruhig Fotos macht. Manchmal sind die Menschen komisch. Sie vergessen das Nachdenken und bilden sich irgendwas ein.

*Alle glauben, dass das Chamäleon die Farbe wechselt, um sich zu verstecken, aber das stimmt nicht. Es verwandelt sich seiner Stimmung entsprechend, je nachdem, ob es zufrieden ist oder wütend, ob es Angst hat, ob es zu hell ist, ob es Nacht ist, ob es kalt ist …*

Ich liebe dieses Foto von meinem Freund Léon über alles. Das ist Léon, das Chamäleon. Er ist einfach zu niedlich. Er hat Krallen, die mir nicht weh tun, und wenn er mir in den Haaren herumwühlt, kitzelt es! Na ja, manchmal piekt es auch …

Ich habe viele, viele Stunden damit verbracht, Heuschrecken für ihn zu fangen. Nur weil es mir Spaß macht, ihn schielen und seine komische Zunge ausstrecken zu sehen. Das ist total witzig, so als würde er in einem Affentempo ein großes grünes Maoam ausspucken. Ich habe ihm zugesehen und dabei im Kopf ganz fest gedacht: »Na los, Léon, los doch, Léon!«

Bei ihm hatten die Heuschrecken keine Chance. Aber Heuschrecken sind mir egal. Ich bedanke mich höchstens ganz herzlich bei ihnen, dass sie meinem Léon schmecken. Tiere essen einander, das ist normal, dazu sind sie geboren. Sie sind auch geboren, damit die Menschen ein paar von ihnen essen. So ist das Leben. Ich habe zum Beispiel einmal in Madagaskar gelebt. Dort habe ich sehr viele niedliche Küken gezüchtet, die dann große Hühner wurden. Ich liebe Hühner, aber das hat mich nicht daran gehindert, sie zu essen. Nur nicht die aus meiner Familie, das dann doch nicht. Ich habe nur Hühner gegessen, die schon tot waren, die wir auf dem Markt gekauft haben und die ich nicht persönlich kannte.

Als ich nach Paris zurückkam, sind wir einmal zum Fleischer gegangen. Da gab es viele, viele tote Hühner, die man kaufen konnte, um sie zu essen. Aber ich weiß nicht, warum sie noch ihre Köpfe hatten. Das hatte eine so merkwürdige Wirkung auf mich, dass ich dachte, ich falle in Ohnmacht. Ich bin ganz schnell rausgerannt.

Ich finde, wenn man Tiere isst, sollten sie besser den lebendigen Tieren nicht mehr so ähnlich sehen.

Wenn ich mich irgendwo nicht wohl fühle, bekomme ich eine Magenverstimmung. Dann passieren komische Sachen in meinem Bauch. Ich nenne das »das große Gurgeli, Gurgela«.

Es geht hoch und runter. Wenn es runter geht, verschwindet es. Aber wenn es hoch kommt, dann dreht und wendet es sich, es knirscht in der Lunge, und als ich klein war, fand ich, dass es am Herzknochen weh tut.

*Mein Dadou hat mir erzählt, dass die Zunge des Chamäleons schneller ist als eine Rakete.*

Es ist so traurig, ein Land zu verlassen, dass ich am liebsten nirgends richtig wohnen würde. Wir würden mit dem Jeep losfahren und campen, wie damals in Namibia. Aber ich glaube nicht, dass das wirklich geht. Wenn ich mal größer bin, mache ich das mit meinem Geliebten in den Ferien.

*Der Uroplatus mustert dich mit seinen lustigen Augen und springt dich an. Seine Pfoten kleben wie Saugnäpfe: Er kann sich überall festklammern!*

Alle haben Probleme. Ich hatte überhaupt keine, so lange ich wild in Afrika lebte. Dann sind wir nach Paris zurückgekehrt. Und dann sind wir nach Madagaskar gefahren. Da hat es angefangen. Madagaskar, dachten wir, ist ganz wunderbar. Aber dann, als wir angekommen sind, haben wir gesehen, dass wir uns geirrt hatten. Es gibt viel Bosheit dort, und die Kinder sind sehr unglücklich. Viele von ihnen sind krank und sterben.

Ein Land kann noch so wundervoll sein, wenn es dort Bosheit gibt, ist es eine Katastrophe. Ich will lieber nicht mehr daran denken und mich nur an meine Chamäleons dort erinnern: an Madame Rose, Thelma, Louise, Mister Green und an Gros Max, den König der Grimassen, mit seinem gemeinen Charakter.

*Ich glaube, die Probleme kommen, wenn man groß wird.*

Was ich am Leben liebe, sind die Abenteuer. Die Erwachsenen denken, dass es ein Abenteuer ist, bei den wilden Tieren in Afrika zu leben. Sie täuschen sich ganz gewaltig.

Ein Abenteuer ist es beispielsweise, Bonbons und Kuchen in der Küche zu stibitzen, um sie heimlich auf der Toilette mit der Lieblingsfreundin zu essen. Oder geheime Aufträge zu erfinden, um seine Angst zu überwinden. Oft nennen die Erwachsenen diese Abenteuer Dummheiten. Das kommt, weil sie keine Ahnung haben.

Wenn es nur immer schön sein könnte, das Leben ... Es wäre nie langweilig, wenn es nur supertolle Abenteuer geben würde. Man könnte sogar sagen, das ist das Geheimnis des Glücklichseins: Abenteuer erleben. Aber nur, wenn man sich Abenteuer ohne Probleme aussucht.

Bip ist mein Halbaffe aus Madagaskar. Er war in meine Barbie-Puppen verliebt, ungelogen! Er stellte sich auf die Hinterpfoten und küsste sie auf den Mund. Ich glaube, manchmal hielt er sich für Ken.

Ich habe ihn dort zurückgelassen, und ich will lieber nicht mehr über ihn sprechen, sondern versuchen, ihn zu vergessen. Wenn ich an ihn denke, werde ich zu traurig.

*In der Schule rede ich zu viel, weil ich zu viel zu sagen habe. Ich bin eine Quasselstrippe. Ich habe zu viele Gedanken im Gehirn.*

Bei den Schularbeiten möchte ich immer, dass alles perfekt ist. Am Anfang hat es stundenlang gedauert und war sehr anstrengend. Aber jetzt schreibe und lerne ich schon viel schneller. Und wenn ich es geschafft habe, bin ich sehr zufrieden mit mir.

Ich lerne gern, aber es hängt auch von den Lehrern ab. Während unserer Reisen lerne ich per Fernunterricht, mit Mama oder einer Privatlehrerin, aber manchmal arbeite ich nicht so gern mit Mama. In Madagaskar war Perlette meine Lehrerin. Sie war auch meine beste Freundin unter den Erwachsenen. Sie kam um halb acht Uhr morgens zu uns nach Hause, vier Tage in der Woche und den halben Mittwoch. Wir hatten im Schatten auf der Terrasse eine Schule eingerichtet. Das war toll, weil alle meine Tiere uns besuchen kamen: das Perlhuhn, das sich für einen Hubschrauber hielt, die Küken, der Papagei, der auf meinen Kopf kletterte, der dicke Hahn ... Wir haben gearbeitet, ohne es zu bemerken, weil wir die Übungen in Spiele verwandelten.

Mercredi 10 Novembre
678 = 2862
314 + 5250
314 + 518

*Schade, dass die Vergangenheit nicht die Zukunft ist.*

Einmal ist nachts etwas ganz Außergewöhnliches passiert. Unglaublich. Etwas, was ich noch nie im Leben erlebt hatte: eine Sternschnuppe! Ich war dabei, mit Gott zu sprechen – nicht mit den Händen, wie beim Gebet, nur sprechen. Ich fragte ihn, ob ich das einzige Mädchen auf der Welt bin, das mit den Tieren zusammenlebt, und versprach, nicht eifersüchtig zu sein, wenn es noch andere gibt. Ich habe ihn gebeten, mich gut zu empfangen, wenn ich in den Himmel komme. Ich habe ihm auch gesagt, dass ich ihn sehr lieb habe und dass ich an ihn denke ... Und er hat mir eine Sternschnuppe geschickt.

Ich lache sehr sehr gern. Und ich mag auch den Wind in meinen Haaren, beispielsweise wenn wir durch den Busch fahren und ich auf dem Dach von unserem Jeep sitze. Außerdem treffe ich gerne meine beste Freundin. Und ich würde natürlich auch meinen Geliebten gerne ganz fest umarmen.

Eltern, einen Geliebten und eine beste Freundin, mehr brauche ich nicht.